D1726262

DIESES

Tagebuch

GEHÖRT

_____

_____

mosaik

Xaviera Plooij

BABYS
ERSTES
JAHR

mosaik

Die niederländische Originalausgabe erschien 2022 unter dem Titel
»Oei, ik groei! Baby's eerste jaar« bei Fontaine Uitgevers, Amsterdam.

Der Verlag behält sich die Verwertung der urheberrechtlich geschützten
Inhalte dieses Werkes für Zwecke des Text- und Data-Minings nach § 44 b UrhG
ausdrücklich vor. Jegliche unbefugte Nutzung ist hiermit ausgeschlossen.

Penguin Random House Verlagsgruppe FSC® N001967

1. Auflage
Deutsche Erstausgabe Mai 2024
Copyright © 2016, 2018, 2022 der Originalausgabe:
Twise Victory Publishing BV
Copyright © 2016, 2024 der deutschsprachigen Ausgabe:
Mosaik Verlag, München, in der Penguin Random House Verlagsgruppe GmbH,
Neumarkter Str. 28, 81673 München
Übersetzung: Bettina Spangler
Illustrationen: Jan Jutte
Umschlag: Sabine Kwauka
Umschlagmotiv: © shutterstock / Milat_oo, Jan Jutte (Ente + Schildkröte)
Layout und Satz: Buch-Werkstatt GmbH, Bad Aibling
Druck und Bindung: Alföldi Nyomda Zrt., Debrecen
Printed in Hungary
KW · IH

ISBN 978-3-442-39429-6

www.mosaik-verlag

Herzlichen Glückwunsch!

Mit diesem Tagebuch wirst du das schönste Buch aller Zeiten schreiben. *Babys erstes Jahr* beschreibt die ganze Entwicklung, die dein Baby in den ersten Monaten durchmacht.

Halte jeden magischen Sprung in der Entwicklung deines Babys fest. Die Texte und Fragen helfen dir dabei, die typischen Merkmale eines jeden Sprungs zu erkennen und zu verstehen. Wenn du eine Zeile nicht gleich auf Anhieb ausfüllen kannst, nimm dir Zeit und beobachte, wie dein Baby mit diesem Aspekt in seiner Entwicklung umgeht. Du wirst sehen, am Ende wird dieses Buch zu einem ganz besonderen Schatz für dich und dein Kind.

Die besten Andenken und Fotos zu jeder Phase kannst du auf den kunterbunten Klebeseiten sammeln. Hier darfst du deiner Kreativität freien Lauf lassen! Klebe sämtliche Erinnerungsstücke auf diesen Seiten ein. Sei es die Quittung aus dem netten kleinen Café, in dem die Bedienungen dich immer zu deinem kleinen Liebling beglückwünschen, das Etikett von dem Bärchen, das dein Schatz zur Zeit dieses Sprungs besonders lieb hatte, oder ein Lippenstift-Kussmund von Oma. Es sind diese kleinen Andenken, die du und dein Kind im Nachhinein besonders wertschätzen werden.

Nur zu gern würden wir sehen, was du geschaffen hast! Also teile doch deine kunterbunten Klebeseiten oder auch andere Seiten mit uns per E-Mail oder Post, über Instagram oder Facebook.

Und jetzt viel Freude beim Schreiben des besten Tagebuchs aller Zeiten!

Alles Liebe
Xaviera

Deine Sprünge-Übersicht

Tag der Geburt: _____

Errechneter Geburtstermin: _____

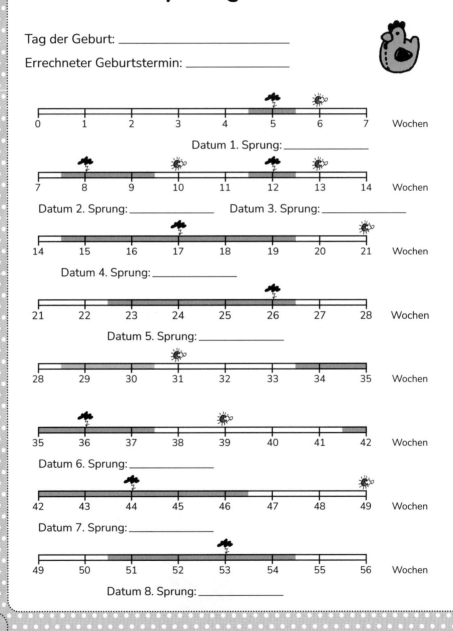

Datum 1. Sprung: _____

Datum 2. Sprung: _____   Datum 3. Sprung: _____

Datum 4. Sprung: _____

Datum 5. Sprung: _____

Datum 6. Sprung: _____

Datum 7. Sprung: _____

Datum 8. Sprung: _____

▭▭▭ Du und dein Baby erlebt jetzt sehr wahrscheinlich eine relativ unbeschwerte Zeit.

▨▨▨ Wenn dein Baby mit etwa 29 bis 30 Wochen vermehrt klammert, weinerlich ist und sich launisch zeigt, sind das keine Anzeichen für einen bevorstehenden Sprung. Es hat lediglich entdeckt, dass die Mutter bzw. der Vater weggehen und es allein zurücklassen können. Das ist, so seltsam es sich anhört, ein Fortschritt. Denn das Kind lernt nun etwas über Entfernungen und eignet sich somit eine neue Fertigkeit an.

▨▨▨ Dein Baby klammert nun möglicherweise mehr, als du es gewohnt bist.*

🌩 Um diese Woche herum ist sehr wahrscheinlich eine »stürmische Zeit« zu erwarten.

☀ Um diese Woche herum ist dein Baby sehr wahrscheinlich »der Sonnenschein im Haus«.

---

* Dir fällt vielleicht auf, dass die Balken, die für die schwierigen Phasen stehen, ziemlich lang sind. Keine Bange, das bedeutet nicht, dass dein Baby wochenlang schwierig ist, sondern nur, dass die schwierige Phase in diesen Zeitraum fällt. Wie lange sie dauert, kann sehr unterschiedlich sein. Bei manchen Kindern ist sie relativ kurz und heftig, bei anderen ist sie länger und weniger ausgeprägt. Daneben sind viele weitere Varianten möglich. Wenn du aber vorher weißt, wann in etwa die schwierige Phase auftritt, bist du darauf eingestellt. Dann kommt sie nicht »wie aus heiterem Himmel«.

Die Welt der Sinnes- eindrücke

·············· Entwicklungsschub und Tränen ··············

Alles deutet darauf hin, dass dein Baby während dieses Sprungs einen schnellen Reifungsprozess durchläuft, der vom Stoffwechsel über die inneren Organe bis hin zu den Sinnesorganen reicht. Es interessiert sich nun deutlich mehr für seine Umwelt und kann Dinge in einem Umkreis von 20 bis 30 Zentimetern besser sehen. Als Mutter oder Vater bemerkst du, dass es auf dich und andere reagiert. Interessant ist, dass dein Baby nun zum ersten Mal bzw. öfter als zuvor Tränen produziert, wenn es weint.

Alles neu in der Welt der Sinneseindrücke

Um die vierte, fünfte Woche herum überwinden Babys oft Verdauungs-störungen, unter denen sie vorher gelitten haben. Auch der Stoffwech-sel des Babys verändert sich jetzt. Weint das Kleine, sieht man öfter echte Tränen, manchmal zum ersten Mal. Außerdem ist dein Baby nun länger wach.

Und schließlich weist alles darauf hin, dass auch die Sinnesorgane eine schnelle Entwicklung durchmachen. Das Baby ist viel mehr an sei-ner Umwelt interessiert. Kein Wunder: Es kann jetzt seine Augen auf eine größere Entfernung hin scharf stellen. Unmittelbar nach der Geburt konnte es nur die Dinge ganz deutlich sehen, die nicht mehr als 20 Zentimeter von ihm entfernt waren. Es ist nun offen für neue Erfahrungen. Es will etwas erleben. Das Baby ist auf einmal viel empfänglicher für Anregungen von außen.

Hat dein Baby einen »Lieblings-Sinn«?

Alle Babys machen diese schnelle Entwicklung der Sinnesorgane durch. Sie sind nun aufmerksamer für das, was um sie herum geschieht. Doch zeigt jedes Baby dies auf unterschiedliche Weise. Es gibt Babys, die begeistert sind von allem, was es zu sehen gibt. Andere sind eher Horcher. Wieder andere werden am liebsten den ganzen Tag geknuddelt und gestreichelt. Einige Babys finden alles gleich schön. Kein Baby ist wie das andere. Finde heraus, was deinem Schatz am besten gefällt, indem du beobachtest, was er oder sie »studiert«, und gehe darauf ein.

Der 1. Sprung kündigt sich an

Datum: _____

Du machst deinen ersten Sprung. Das erkenne ich daran, dass du

_____

_____

_____

Auf einer Skala von »unkompliziert« bis »schwierig« ist dieser Sprung:

☼ 1   2   3   4   5   6   7   8   9   10 ⚡

So lässt du dich am besten beruhigen:

1. _____

2. _____

3. _____

So fühle ich mich:

_____

_____

_____

Auf einer Skala von »gar nicht« bis »sehr« bin ich so

☐ verzweifelt   ☐ unsicher   ☐ _____

☼ 1   2   3   4   5   6   7   8   9   10 ⚡

Deine drei Signale

Eine Veränderung in Sachen

Anhänglichkeit: _____

_____

Weinen: _____

_____

Quengeln: _____

_____

Nicht zu vergessen die Veränderung beim

Schlafen: _____

_____

Trinken: _____

_____

● ● ● Auch wenn es nicht einfach ist, einen Sprung zu bewäl-
tigen, ist es ein Zeichen dafür, dass deine Entwicklung voran-
schreitet. Die folgenden Seiten werden zeigen, was du seit dem
ersten Sprung gelernt hast. ● ● ●

Deine Gefühle

Ich bemerke, dass du deine Gefühle auf andere Weise zeigst:

_____

_____

_____

_____

Dein Lächeln:

_____

_____

Hier einige der körperlichen Veränderungen, die ich in Bezug auf kleine
Dinge wie Atmen, Erschrecken, Zittern, Weinen, Bäuerchen-Machen und
Erbrechen beobachten konnte:

_____

_____

_____

_____

Was du siehst

Hier einige Fotos von Sachen, die du gern anschaust. Es sind allesamt einfache Dinge, doch dir bedeuten sie die Welt.

Foto

Foto

Foto

- ○ Du schaust dir immer wieder dieselben Dinge an.
- ○ Du langweilst dich schnell und willst ständig neue Sachen sehen.
- ○ Du siehst dir die Dinge länger und aufmerksamer an.
- ○ Je heller die Objekte, desto interessanter sind sie.

Was du hörst und fühlst

Du reagierst anders auf Geräusche:

_____

_____

Diese Geräusche hörst du am liebsten:

_____

_____

Diese Geräusche machen dir Angst:

_____

_____

Die folgenden Geräusche produzierst du selbst:

_____

_____

So wirst du gern berührt:

_____

_____

Was du am liebsten tust

Jeder hat so seine Vorlieben, was er mit dir am liebsten macht!

Folgendes machst du am liebsten:

_____

_____

Mit _____ machst du am liebsten Folgendes:

_____

_____

Mit _____ tust du gern das:

_____

_____

So teilst du uns mit, wenn es dir zu viel wird und du deine Ruhe haben willst:

○ Du langweilst dich schnell und willst ständig neue Sachen sehen.

○ Du siehst kurz weg.

○ Du wendest den Kopf ab.

○ Du schließt die Augen.

○ Dein Gesicht verrät, dass du gleich weinen wirst.

○ Sonstiges:

Das bist typisch du

Die folgenden zehn Dinge sind ganz typisch für dich:

1. _____

2. _____

3. _____

4. _____

5. _____

6. _____

7. _____

8. _____

9. _____

10. _____

Deine ersten Male

**Es gibt für alles ein erstes Mal, und bei diesem Sprung
waren das deine ersten Erfahrungen:**

Zum ersten Mal _____

_____

_____

Zum ersten Mal _____

_____

_____

Zum ersten Mal _____

_____

_____

Zum ersten Mal _____

_____

_____

Zum ersten Mal _____

_____

_____

Zum ersten Mal _____

_____

_____

Deine größten Meilensteine

Meine persönlichen Favoriten

unter deinen Entwicklungsschritten:

1. Meilenstein: _____

_____

_____

2. Meilenstein: _____

_____

_____

3. Meilenstein: _____

_____

_____

4. Meilenstein: _____

_____

_____

5. Meilenstein: _____

_____

_____

Das erste richtige Lächeln: _____

Die erste richtige Träne: _____

Besondere Momente
zur Erinnerung

Foto

Foto

Foto

Mein erster Brief an dich

Liebe/r _____

_____

_____

_____

_____

_____

_____

_____

_____

_____

_____

DER Sprung IST geschafft!

Datum: _____

Gewicht: _____

Körpergröße: _____

Kleidergröße: _____

Foto

Handabdruck

DEINE
kunterbunten
KLEBESEITEN

Hier kannst du besondere Erinnerungsstücke
wie Rezepte, Karten, Zeichnungen, Kassenbons,
kleine Notizen und Fotos einkleben, damit sie
nicht verloren gehen!

Notizen

Die Welt
der Muster

Nach Abschluss dieses Sprungs erlebt dein Baby die Welt nicht länger als eine Einheit, als eine »Suppe«. Es beginnt, feste »Muster« zu unterscheiden. Ein Beispiel: Es entdeckt seine Hände. Es schaut sie erstaunt an, dreht und wendet sie. Viele automatische Reflexe legt das Baby nun ab, stattdessen führt es Bewegungen bewusst aus. Allerdings wirken diese Bewegungen noch etwas unbeholfen, fast hölzern, vergleichbar mit einer Marionette.

Alles neu in der Welt der Muster

Mit etwa acht (sieben bis neun) Wochen kündigt sich der nächste Sprung an. In diesem Alter erwirbt dein Baby eine neue Fähigkeit, mit der es neue Dinge erlernen kann – Fertigkeiten, die es vor diesem Alter noch nicht entwickeln konnte, sooft du mit ihm vielleicht auch schon geübt hast.

Dein Baby ist nun in der Lage, einfache Muster zu erkennen, und zwar sowohl in und an seinem Körper als auch in der Umgebung. Wir Erwachsenen können uns das nur schwer vorstellen, dennoch: Diese Aussage gilt für alle Sinne, nicht nur für das Sehen. Dein Baby »entdeckt« nun beispielsweise seine Hände und Füße und kann Stunden damit zubringen, verschiedene Arm- und Beinhaltungen auszuprobieren. Es beobachtet fasziniert die Licht- und Schatteneffekte an der Wand über seinem Bettchen, starrt im Supermarkt wie gebannt die aufgereihten Dosen an und kann offenbar gar nicht genug bekommen von den Lauten, die es selbst hervorbringt (»ah«, »üh«, »eh« …).

Aber die neue Fähigkeit bringt nicht nur Schönes mit sich. Sie stellt auch die vertraute Erlebniswelt deines Babys auf den Kopf. Es sieht, hört, riecht, schmeckt und fühlt Dinge, die total neu für es sind. Seine Welt ist nicht mehr so, wie sie einmal war. Es ist erstaunt, verwirrt, perplex. Es muss alles in Ruhe auf sich wirken lassen, alles verarbeiten. Und das tut es am liebsten von einem vertrauten, sicheren Platz aus. Es will »zurück zu Mama«. Oder zu Papa. Diese schwierige Phase dauert ein paar Tage bis zwei Wochen.

Der 2. Sprung kündigt sich an

Datum: _____

Du machst deinen zweiten Sprung. Das erkenne ich daran, dass du

_____

_____

_____

Auf einer Skala von »unkompliziert« bis »schwierig« ist dieser Sprung:

☀ 1   2   3   4   5   6   7   8   9   10 ⚡

So lässt du dich am besten beruhigen:

1. _____

2. _____

3. _____

So fühle ich mich:

_____

_____

_____

Auf einer Skala von »gar nicht« bis »sehr« bin ich so

☐ verzweifelt   ☐ unsicher   ☐ _____

☀ 1   2   3   4   5   6   7   8   9   10 ⚡

Deine drei Signale

Eine Veränderung in Sachen
Anhänglichkeit: _____

_____

Weinen: _____

_____

Quengeln: _____

_____

Nicht zu vergessen die Veränderung beim
Schlafen: _____

_____

Trinken: _____

_____

O ja, all dies geschieht, weil du Fortschritte machst. Mit diesem Sprung nimmst du zum ersten Mal im Leben Muster wahr. Auf den folgenden Seiten geht es darum, wie du die Welt der Muster für dich entdeckst.

Sonstiges:
- ○ Du forderst mehr Aufmerksamkeit.
- ○ Du fremdelst (öfter).
- ○ Du klammerst (stärker).
- ○ Du schläfst schlecht.
- ○ Du weinst und weinst und weinst.

Dein Körper

Du bewegst dich jetzt anders:

_____

_____

Deine Bewegungen sind

☐ ruckartig   ☐ steif   ☐ hölzern   ☐ marionettenhaft

Körperlich beherrschst du nun schon Folgendes:

_____

_____

Das machst du mit den Händen:

_____

_____

Da siehst du sehr genau hin:

_____

_____

Folgende Körperteile hast du neu entdeckt:

_____

_____

_____

_____

Deine Liebe zu visuellen Mustern

Muster sind überall. Doch von allen Mustern, die um dich herum zu finden sind, magst du diese am liebsten:

Foto

Foto

Foto

Was du siehst

Du bewegst und benutzt deine Augen anders:

_____

_____

_____

Wenn wir spazieren gehen, beobachtest du:

_____

_____

_____

Wenn du Menschen ansiehst, fixierst du am liebsten:

_____

_____

_____

Du beobachtest gern:

○ flackernde Kerzen

○ wehende Vorhänge

○ fressende oder sich bewegende Tiere

○ essende oder sich bewegende Menschen

○ glänzenden Schmuck oder Kleidung

Was du hörst und brabbelst

Du reagierst anders auf Geräusche:

Diese Geräusche hörst du am liebsten:

Diese Geräusche machen dir Angst:

Die kleinen Geräusche, die du jetzt produzierst, erinnern mich an:

Was du am liebsten spielst

Deine Lieblingsspielsachen sind:

_____

_____

_____

_____

Mit folgenden alltäglichen Dingen spielst du zu Hause am liebsten:

_____

_____

_____

_____

Mit folgenden alltäglichen Dingen spielst du außer Haus am liebsten:

_____

_____

_____

_____

Du bevorzugst ☐ Spielsachen ☐ »echte« Dinge.

Was du am liebsten tust

Jeder hat so seine Vorlieben, was er mit dir am liebsten macht!

Folgendes machst du am liebsten:

Mit .... machst du am liebsten Folgendes:

Mit .... tust du gern das:

Deine liebsten Turnübungen, Lieder und Grimassen

Deine liebsten gymnastischen Übungen sind:

Diese Lieder singe ich dir vor:

Grimassen! Ich liebe es, wie du dein Gesicht immer wieder neu verziehst:

Deine ersten Male

**Es gibt für alles ein erstes Mal, und bei diesem Sprung
waren das deine ersten Erfahrungen:**

Zum ersten Mal

Zum ersten Mal

Zum ersten Mal

Zum ersten Mal

Zum ersten Mal

Zum ersten Mal

Besondere Momente
zur Erinnerung

Foto

Foto

Foto

Das bist typisch du

In langen Gesprächen bzw. Monologen erzähle ich dir gern Folgendes:

Das Besondere ist, dass du jetzt auch »antwortest«. Ich bin überzeugt, du erzählst mir Folgendes:

Das habe ich von dir gelernt:

Die folgenden Worte beschreiben dich und deinen Charakter am besten:

Die schönsten/nettesten/witzigsten Kommentare, die andere Menschen über dich geäußert haben:

Mein zweiter Brief an dich

Liebe/r _____

_____

_____

_____

_____

_____

_____

_____

_____

_____

_____

_____

DER Sprung IST geschafft!

Datum: ....

Gewicht: ....

Körpergröße: ....

Kleidergröße: ....

Foto

Handabdruck

DEINE
kunterbunten
KLEBESEITEN

Hier kannst du besondere Erinnerungsstücke
wie Rezepte, Karten, Zeichnungen, Kassenbons,
kleine Notizen und Fotos einkleben, damit sie
nicht verloren gehen!

Notizen

Die Welt der fließenden Übergänge

In seinem ersten Jahr lernt dein Baby Dinge, die wir Erwachsenen als ganz normal empfinden. Wir tun sie völlig unbewusst. Für dein Baby hingegen stellen sie komplexe Abläufe dar und sind daher wichtige Erfahrungen. Nachdem es gelernt hat, Muster zu erkennen und zu kontrollieren, erwirbt es nun die Fähigkeit, »fließende Übergänge« wahrzunehmen. Es bewegt sich nicht mehr so staksig und abgehackt wie ein Roboter. Die neue Fertigkeit zeigt sich auch im Gebrauch seiner Stimme, und sie ist der Grund, warum Babys in dieser Phase nur zu gerne »Flugzeug« spielen.

Alles neu in der Welt der fließenden Übergänge

Mit etwa zwölf Wochen kündigt sich der nächste Sprung an, manchmal auch schon um die elfte Woche. Dein Baby kann jetzt zum ersten Mal »fließende Übergänge« sehen, hören, riechen, schmecken und fühlen. Beispielsweise den Übergang von einem Ton zum anderen oder von einer Haltung in die andere.

Mit dieser Fähigkeit kann es nun »fließende Übergänge« bei anderen Personen wahrnehmen. Und es lernt, sie selbst in Angriff zu nehmen. Mit seinem Körper, seinem Kopf, seinen Stimmbändern, seinen Augen und so weiter. Es nimmt fließende Übergänge sowohl außerhalb als auch innerhalb seines Körpers wahr.

Dein Baby lernt zum Beispiel, fließend von einer Haltung in die andere zu wechseln. Dir fällt auf, dass die Bewegungen deines Babys nicht mehr hölzern oder staksig sind wie nach dem vorangegangenen Sprung.

Jetzt kannst du auch sehen, dass dein Baby die Bewegungen seines Kopfes gut unter Kontrolle hat. Es kann ihn in einer fließenden Bewegung von der einen auf die andere Seite drehen, langsam, aber auch schnell.

Außerdem kann dein Baby jetzt lernen, feste Nahrung bewusst und fließend hinunterzuschlucken.

Dein Baby kann jetzt auch fließende Übergänge von einem Laut zum anderen erkennen. Und es kann sie selbst schaffen. Ferner kann es zum ersten Mal Übergänge zwischen lauten und leisen Geräuschen wahrnehmen und mit der eigenen Stimme nachbilden.

Es kann nun auch viel besser sehen, fast wie ein Erwachsener. Es kann mit den Augen ruhig und koordiniert eine Bewegung verfolgen.

Der 3. Sprung kündigt sich an

Datum: _____

Du machst deinen dritten Sprung. Das erkenne ich daran, dass du

_____

_____

_____

Auf einer Skala von »unkompliziert« bis »schwierig« ist dieser Sprung:

☀ 1   2   3   4   5   6   7   8   9   10 ⛈

So lässt du dich am besten beruhigen:

1. _____

2. _____

3. _____

So fühle ich mich:

_____

_____

_____

Auf einer Skala von »gar nicht« bis »sehr« bin ich so

☐ verzweifelt   ☐ unsicher   ☐ _____

☀ 1   2   3   4   5   6   7   8   9   10 ⛈

Deine drei Signale

Eine Veränderung in Sachen

Anhänglichkeit: _____

_____

Weinen: _____

_____

Quengeln: _____

_____

Nicht zu vergessen die Veränderung beim

Schlafen: _____

_____

Trinken: _____

_____

Sonstiges:

○ Du fremdelst (öfter).   ○ Du lutschst (häufiger)

○ Du klammerst (stärker).   am Daumen.

○ Du isst schlechter.   ○ Du bist stiller und

○ Du schläfst schlecht.   bewegst dich weniger.

Deine
Körperbeherrschung

Du scheinst deinen Körper nun viel besser zu beherrschen als vor dem Sprung. Folgendes ist mir aufgefallen:

_____

_____

Du bewegst dich jetzt viel fließender:

_____

_____

Folgende gymnastische Übungen und Bewegungen bewerkstelligst du nun mit deinem Körper:

_____

_____

Folgendes konnte ich in Bezug auf »Sitzen«, »Rollen« und »Greifen« beobachten:

_____

_____

Deine Hände und Berührungen

Erst vor wenigen Wochen
hast du sie entdeckt, deine beiden Hände.

Jetzt kannst du damit schon Folgendes machen:

_____

_____

_____

Das tust du mit den Händen am liebsten:

_____

_____

_____

Wenn du mein Gesicht berührst, machst du Folgendes:

_____

_____

_____

Wenn du dein Gesicht berührst, machst du das:

_____

_____

_____

Was du siehst

Mittlerweile kannst du bewegte Gegenstände kontinuierlich mit den Augen verfolgen. Hier eine Nahaufnahme deiner Augen, wie du beobachtest:

Foto

Wenn du mein Gesicht ansiehst, fixierst du besonders:

_____

Folgende fließende Bewegungen beobachtest du am liebsten:

○ Licht, das gedimmt wird.

○ eine Hand, die sich hebt.

○ wenn jemand den Kopf dreht.

○ ein Spielzeug, das sich bewegt.

○ Sonstiges:

Deine Gefühle

Freude drückst du dadurch aus, dass du

○ schaust,

○ horchst,

○ greifst,

○ etwas »sagst« und dann abwartest, dass man antwortet.

○ Sonstiges:

In der Gegenwart unterschiedlicher Leute verhältst du dich unterschiedlich. Folgendes ist mir aufgefallen:

Du zeigst mir, dass du dich langweilst, indem du

Was mir sonst noch aufgefallen ist:

Was du sprichst

Du ☐ kreischst ☐ krähst ☐ produzierst vokalartige Geräusche, und zwar viel fließender als vor dem Sprung. Folgende Laute bringst du hervor, und zwar bei diesen Gelegenheiten:

Wenn ich deine Laute imitiere, machst du Folgendes:

So lief unser erstes »Gespräch«:

Dein Lachen sagt mir, dass ich den richtigen Ton getroffen habe. Folgendes bringt dich zum Lachen:

Was du am liebsten spielst

Deine Lieblingsspielsachen sind:

_____

_____

_____

Mit folgenden alltäglichen Dingen spielst du zu Hause am liebsten:

_____

_____

_____

Du erforschst die Welt und empfindest Verschiedenes dabei:

_____

_____

_____

Diese Musik hörst du am liebsten:

_____

_____

_____

Das ist mir aufgefallen, weil du bei der Musik immer Folgendes tust:

_____

_____

_____

3.
SPRUNG

Deine ersten Male

Es gibt für alles ein erstes Mal, und bei diesem Sprung

waren das deine ersten Erfahrungen:

Zum ersten Mal _____

_____

_____

Zum ersten Mal _____

_____

_____

Zum ersten Mal _____

_____

_____

Zum ersten Mal _____

_____

_____

Zum ersten Mal _____

_____

_____

Zum ersten Mal _____

_____

_____

Deine größten Meilensteine

Meine persönlichen Favoriten

unter deinen Entwicklungsschritten:

1. Meilenstein: _____

_____

_____

2. Meilenstein: _____

_____

_____

3. Meilenstein: _____

_____

_____

4. Meilenstein: _____

_____

_____

5. Meilenstein: _____

_____

_____

3.
SPRUNG

Besondere Momente zur Erinnerung

Foto

Foto

Foto

Das bist typisch du

Das habe ich von dir gelernt:

Typisch für dich in unseren ersten drei Monaten war:

Die folgenden Worte beschreiben dich und deinen Charakter am besten:

Die schönsten/nettesten/witzigsten Kommentare, die andere Menschen über dich geäußert haben:

Mein dritter Brief an dich

Liebe/r _____

DER Sprung IST geschafft!

Datum: _____

Gewicht: _____

Körpergröße: _____

Kleidergröße: _____

Foto

Handabdruck

DEINE
kunterbunten
KLEBESEITEN

Hier kannst du besondere Erinnerungsstücke
wie Rezepte, Karten, Zeichnungen, Kassenbons,
kleine Notizen und Fotos einkleben, damit sie
nicht verloren gehen!

Notizen

Die Welt der Ereignisse

Seit dem letzten Sprung kann dein Baby »fließende Übergänge« erkennen. Nun erwirbt es die Fähigkeit, »Ereignisse« wahrzunehmen, das heißt, es kann eine kurze Abfolge von fließenden Übergängen mit allen Sinnen erfahren – also sehen, hören, fühlen, riechen und schmecken. Dies zeigt sich auch, wenn es mit seiner Umwelt interagiert. Es nimmt die Bewegung eines Balles wahr und lernt, Dinge nun richtig mit der Hand zu greifen. In dieser Phase lieben Babys klassische Fingerspiele wie »Imse bimse Spinne«.

Alles neu in der Welt der Ereignisse

Wenn dein Baby etwa 19 (18 bis 20) Wochen alt ist, merkst du, dass seine Entwicklung wieder einen Sprung macht. Du entdeckst, dass das Kleine Dinge will und tut, die es noch nie getan hat. Das kommt daher, dass es eine neue Fähigkeit erworben hat, die es in die Lage versetzt, eine breite Palette neuer Fertigkeiten einzuüben.

Dein Baby beginnt jetzt, mit »Ereignissen« zu experimentieren. Wir Erwachsenen machen uns in der Regel keine Gedanken darüber, dass unser Alltag aus einzelnen »Ereignissen« besteht, denn diese sind uns so vertraut, dass wir sie nicht mehr gesondert wahrnehmen. Sehen wir beispielsweise einen Gummiball zu Boden fallen, wissen wir im Voraus, dass er wieder hochspringt, dann wieder fällt ... und dass dies sich noch mehrmals wiederholt, bis er liegen bleibt. Und sehen wir jemanden in die Luft springen, dann ist uns klar, dass er anschließend wieder auf dem Boden landen wird. Wir sehen einen Golfer zum Schlag ausholen oder einen Tennisspieler seinen Schläger in Bereitschaft bringen – und wissen, was darauf folgt. Für dein Baby hingegen ist all das neu. Es kann noch nicht voraussehen, was als Nächstes passieren wird.

Dein Baby spürt schon früher, dass ein Sprung bevorsteht. Bereits mit etwa 15 (14 bis 17) Wochen wird es schwierig. Es fühlt, dass sich etwas anbahnt. Von diesem Alter an dauern die schwierigen Phasen länger als vorher. Diese hier hält gewöhnlich fünf Wochen an; sie kann sich aber auch über eine oder sechs Wochen erstrecken.

Der 4. Sprung kündigt sich an

Datum: _____

Du machst deinen vierten Sprung. Das erkenne ich daran, dass du

_____

_____

_____

Auf einer Skala von »unkompliziert« bis »schwierig« ist dieser Sprung:

☀ 1 2 3 4 5 6 7 8 9 10 ⛈

So lässt du dich am besten beruhigen:

1. _____

2. _____

3. _____

So fühle ich mich:

_____

_____

_____

Auf einer Skala von »gar nicht« bis »sehr« bin ich so

☐ verzweifelt ☐ unsicher ☐ _____

☀ 1 2 3 4 5 6 7 8 9 10 ⛈

Deine drei Signale

Eine Veränderung in Sachen

Anhänglichkeit: _____

Weinen: _____

Quengeln: _____

Nicht zu vergessen die Veränderung beim

Schlafen: _____

Trinken: _____

Sonstiges:
- ○ Du schläfst schlechter.
- ○ Du fremdelst (häufiger).
- ○ Du willst mehr Zu-
  wendung.
- ○ Dein Kopf muss (häufiger)
  gestützt werden.
- ○ Du willst nicht, dass der
  Körperkontakt abbricht.
- ○ Du isst schlechter.
- ○ Du bist (öfter) launisch.
- ○ Du bewegst dich weni-
  ger und gibst weniger
  Geräusche von dir.

Deine Entdeckungen

Es ist nicht zu übersehen, dass du deine Umgebung anders wahrnimmst als vor dem Sprung. Folgende Dinge sind mir aufgefallen:

So erkundest du die Welt

Du bist nun zu mehreren fließenden Bewegungen in Folge fähig.

Jetzt kannst du:

☐ nach einem Spielzeug greifen,

☐ es fassen und

☐ an dich heranziehen, um es eingehend zu betrachten.

Du untersuchst die Dinge gern, indem du sie

☐ schüttelst,

☐ auf den Boden schlägst,

☐ anstupst,

☐ umdrehst,

☐ hin und her bewegst,

☐ in den Mund steckst.

Ganz besonders aufgefallen ist mir:

_____

Du fühlst mit dem Mund! Alles untersuchst du jetzt auf diese Weise:

Foto

Deine
Beobachtungen

Manchmal beobachtest du mich, wie ich etwas tue. Zum Beispiel:

_____

_____

_____

Manchmal bist du zu erschöpft, um deine Beobachtungen fortzusetzen.
Dann helfe ich dir, indem ich

_____

_____

_____

Gewisse Details an Dingen erwecken bei dir besonderes Interesse:

_____

_____

_____

Deine Lieblingsmaterialien sind:

_____

_____

_____

Was du siehst

Von allen täglichen Verrichtungen beobachtest du am liebsten:

_____

_____

Bücher! Du liest sie nicht, aber wenn ich dir ein buntes Bild von etwas zeige, dann

_____

_____

Wenn du in den Spiegel siehst oder mich darin entdeckst, dann

_____

_____

Folgende repetitive Handlungen (zum Beispiel Auf-und-ab-Springen, Haarekämmen oder Brotschneiden) faszinieren dich besonders:

_____

_____

Was du hörst
und brabbelst

Du kannst mittlerweile ganze Sätze brabbeln. Erst neulich hast du mir

Folgendes erzählt:

_____

_____

Du experimentierst jetzt mit Intonation und Lautstärke:

_____

_____

Du kannst nun mit deiner Stimme »Ereignisse« erzeugen, indem du Lippen und Zunge benutzt. Diese neuen Laute klingen so:

☐ Fffft-ffft-ffft

☐ Www-www

☐ Sss-sss

☐ Brrr

☐ Arrr

☐ Rrr

☐ Grrr

☐ Prrr

Wenn du niest und ich mit einem „Niesen" antworte, dann

_____

_____

Deine Körperbeherrschung und Bewegungen

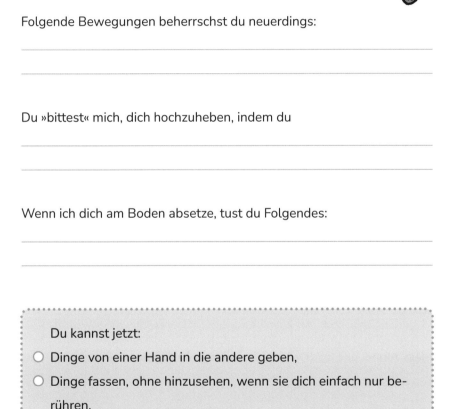

Folgende Bewegungen beherrschst du neuerdings:

_____

_____

Du »bittest« mich, dich hochzuheben, indem du

_____

_____

Wenn ich dich am Boden absetze, tust du Folgendes:

_____

_____

Du kannst jetzt:

○ Dinge von einer Hand in die andere geben,

○ Dinge fassen, ohne hinzusehen, wenn sie dich einfach nur berühren,

○ Dinge mit beiden Händen greifen,

○ ein Spielzeug schütteln,

○ mit einem Spielzeug auf den Tisch schlagen,

○ Gegenstände absichtlich auf den Boden werfen.

4.
SPRUNG

Dein Mund

So zeigst du mir, dass du satt bist:

_____

_____

Wenn du Essen siehst oder etwas zu trinken oder wenn du hungrig bist, tust du Folgendes:

_____

_____

Mein Mund übt ganz plötzlich eine große Faszination auf dich aus. Am liebsten tust du damit Folgendes:

_____

_____

Mit deiner Zunge machst du am liebsten das:

_____

_____

Was du am liebsten tust

Jeder hat so seine Vorlieben, was er mit dir am liebsten macht!

Folgendes machst du am liebsten:

_____

_____

_____

_____

Mit _____ machst du am liebsten Folgendes:

_____

_____

_____

_____

Mit _____ tust du gern das:

_____

_____

_____

_____

Deine ersten Male

**Es gibt für alles ein erstes Mal, und bei diesem Sprung
waren das deine ersten Erfahrungen:**

Zum ersten Mal _____

_____

_____

Zum ersten Mal _____

_____

_____

Zum ersten Mal _____

_____

_____

Zum ersten Mal _____

_____

_____

Zum ersten Mal _____

_____

_____

Zum ersten Mal _____

_____

_____

Deine größten Meilensteine

**Meine persönlichen Favoriten
unter deinen Entwicklungsschritten:**

1. Meilenstein: _____

_____

_____

2. Meilenstein: _____

_____

_____

3. Meilenstein: _____

_____

_____

4. Meilenstein: _____

_____

_____

5. Meilenstein: _____

_____

_____

Besondere Momente zur Erinnerung

Foto

Foto

Foto

Foto

Foto

Das habe ich von dir gelernt:

Die schönsten/nettesten/witzigsten Kommentare, die andere Menschen über dich geäußert haben:

Mein vierter Brief an dich

Liebe/r _____

_____

_____

_____

_____

_____

_____

_____

_____

_____

_____

_____

_____

DER Sprung IST geschafft!

Datum: _____

Gewicht: _____

Körpergröße: _____

Kleidergröße: _____

Foto

Handabdruck

DEINE
kunterbunten
KLEBESEITEN

Hier kannst du besondere Erinnerungsstücke
wie Rezepte, Karten, Zeichnungen, Kassenbons,
kleine Notizen und Fotos einkleben, damit sie
nicht verloren gehen!

Notizen

Die Welt der Zusammen- hänge

In, auf, hinter, vor und wie lange?

Nach diesem Sprung kann dein Baby zum ersten Mal allerlei Arten von Zusammenhängen erkennen. Mit einem Mal erscheint ihm die Welt unendlich groß im Vergleich zu sich selbst. Denn es erkennt, dass Menschen und Dinge sich immer in einem bestimmten räumlichen Abstand zueinander bewegen: Etwas kann sich innerhalb, außerhalb, auf, neben, unter oder zwischen etwas anderem befinden. Und mit diesem Bewusstsein spielt es. Daher weint dein Baby nun möglicherweise öfter, sobald der Abstand zu dir zu groß wird.

Alles neu in der Welt der Zusammenhänge

Wenn dein Baby etwa 26 (25 bis 27) Wochen alt ist, merkst du, dass es eine neue Fähigkeit dazugewonnen hat. Der Entwicklungssprung versetzt es – nach den »Ereignissen« – in die Lage, erstmals »Zusammenhänge« in seiner Umgebung wahrzunehmen und zu begreifen.

Einer der wichtigsten »Zusammenhänge«, die dein Baby jetzt wahrnehmen kann, ist die Entfernung zwischen zwei Gegenständen oder Personen. Was für uns Erwachsene eine Selbstverständlichkeit ist, ist für das Baby eine alarmierende Entdeckung, eine grundlegende Veränderung seiner Welt. Deshalb empfindet es diesen Zusammenhang zunächst als höchst verwirrend.

Ihm wird nun bewusst, dass ein Gegenstand, den es haben möchte, auf einem Regalbrett liegt, an das es nicht herankommt. Wenn du ins Zimmer nebenan gehst und das Baby dir nicht folgen kann, empfindet es diese Situation so, als wärst du »im Nichts« verschwunden. Selbst wenn es schon ein wenig krabbeln und dir hinterherrobben kann, wird ihm doch klar, dass es bei deinem Tempo nicht mithalten kann und du ihm somit »entwischst«.

Diese Erkenntnisse ängstigen das Baby so sehr, dass die folgenden Wochen eine ziemlich harte Zeit für Eltern und Kind werden können. Hilfreich ist es, wenn die Eltern wissen, weshalb ihr Baby so »schwierig« ist und wie sie es in dieser Phase unterstützen können. Sobald es die Entfernung zwischen sich und dem, was es haben möchte, unter Kontrolle hat, kann es viel mehr als vorher. Bis dahin ist es jedoch auf Hilfe angewiesen.

Der 5. Sprung kündigt sich an

Datum: _____

Du machst deinen fünften Sprung. Das erkenne ich daran, dass du

_____

_____

_____

Auf einer Skala von »unkompliziert« bis »schwierig« ist dieser Sprung:

☀   1   2   3   4   5   6   7   8   9   10   ⛈

So lässt du dich am besten beruhigen:

1. _____

2. _____

3. _____

So fühle ich mich:

_____

_____

_____

Auf einer Skala von »gar nicht« bis »sehr« bin ich so

☐ verzweifelt   ☐ unsicher   ☐ _____

☀   1   2   3   4   5   6   7   8   9   10   ⛈

Deine drei Signale

Eine Veränderung in Sachen

Anhänglichkeit: _____

_____

Weinen: _____

_____

Quengeln: _____

_____

Nicht zu vergessen die Veränderung beim

Schlafen: _____

_____

Trinken: _____

_____

5.
SPRUNG

Sonstiges:
- ○ Du willst mehr beschäftigt werden.
- ○ Du hast »Albträume«.
- ○ Du isst schlechter.
- ○ Du gibst weniger Geräusche von dir.
- ○ Du willst nicht, dass der Körperkontakt abbricht.
- ○ Du willst nicht sauber gemacht werden.
- ○ Du greifst (häufiger) nach deinem Kuscheltier.
- ○ Du bewegst dich weniger.

Deine Entdeckungen

Es ist nicht zu übersehen, dass du deine Umgebung anders wahrnimmst als vor dem Sprung. Folgende Dinge sind mir aufgefallen:

Wie du Distanz erkundest

Innerhalb, außerhalb, dahinter und daneben sind Schlüsselwörter in dieser Phase. Daran sehe ich, dass du mit diesen Konzepten experimentierst:

_____

_____

Diese beiden Gegenstände steckst du gern ineinander und baust sie wieder auseinander:

_____

_____

Ich bemerke, dass du das Konzept der Distanz studierst, wenn du:

_____

_____

Wenn ich weggehe und den Abstand zwischen uns vergrößere, tust du Folgendes:

_____

_____

5.
SPRUNG

Deine Handlungen
haben Folgen

Das wird dir nun bewusst. Und es macht dir Spaß,

damit zu experimentieren.

Diese Knöpfe und Schalter hast du entdeckt:

Du lernst, dass man Dinge »auseinanderbauen« kann. Das ist auch ein (ehemaliger) Zusammenhang zwischen den Dingen. Folgendes hast du auseinandergebaut:

Du bist enorm fasziniert von
kleinen Dingen wie:

○ Knöpfen

○ Reißverschlüssen

○ Etiketten

○ Aufklebern

○ Mustern an der Wand

○ Schrauben

○ Sonstiges:

Hier ein Foto,

auf dem du dich

mit einem kleinen

Detail beschäftigst.

Dein Körper

Du benutzt deine Hände zum Greifen wie folgt:

_____

_____

_____

Ich habe dich dabei beobachtet, wie du _____

hochgehoben hast, um zu sehen, was darunter ist. Das hast du entdeckt:

_____

_____

_____

Diese Gesten hast du nachgeahmt:

_____

_____

_____

Wenn du einen Ball in die Hände bekommst, machst du Folgendes:

_____

_____

_____

Was du siehst

Erwachsene beobachtest du am liebsten hierbei:

_____

_____

Diesem Tier siehst du am liebsten zu:

_____

_____

Mir fällt auf, wie du von einem Gegenstand zum anderen blickst:

_____

_____

_____

_____

_____

Dein Lächeln

Wenn jemand sich ungewöhnlich bewegt, tust du Folgendes:

_____

_____

_____

Wenn ich versehentlich etwas fallen lasse, dann

_____

_____

_____

Diese Dinge bringen dich zum Lachen:

_____

_____

_____

_____

_____

_____

5.
SPRUNG

Was du hörst und brabbelst

Wenn du Musik hörst, reagierst du folgendermaßen:

_____

_____

_____

Du erkennst den Zusammenhang zwischen Wort und Tat! Das merke ich daran, dass du kurze Sätze verstehst, zum Beispiel:

○ Nein, lass das!

○ Komm, wir gehen!

○ Sonstiges:

Wenn du Geräusche und Stimmen aus meinem Handy hörst, tust du Folgendes:

_____

_____

_____

Du versuchst die ersten Worte zu formen. Manchmal habe ich sogar das Gefühl, ich verstehe dich:

_____

_____

_____

Das erste halbe Jahr

In vielen Dingen bist du mir sehr ähnlich:

Was du am liebsten tust

Jeder hat so seine Vorlieben, was er mit dir am liebsten macht!

Folgendes machst du am liebsten:

_____

_____

_____

_____

Mit _____ machst du am liebsten Folgendes:

_____

_____

_____

_____

Mit _____ tust du gern das:

_____

_____

_____

_____

Deine größten Meilensteine

**Meine persönlichen Favoriten
unter deinen Entwicklungsschritten:**

1. Meilenstein: _____

_____

_____

2. Meilenstein: _____

_____

_____

3. Meilenstein: _____

_____

_____

4. Meilenstein: _____

_____

_____

5. Meilenstein: _____

_____

_____

**5.
SPRUNG**

Besondere Momente
zur Erinnerung

Foto

Foto

Foto

Foto

_____
_____
_____

Foto

_____
_____

Das habe ich von dir gelernt:

_____
_____

Die schönsten/nettesten/witzigsten Kommentare, die andere Menschen über dich geäußert haben:

_____
_____

Mein fünfter Brief an dich

Liebe/r _____

_____

_____

_____

_____

_____

_____

_____

_____

_____

_____

DER Sprung IST geschafft!

Datum: _____

Gewicht: _____

Körpergröße: _____

Kleidergröße: _____

Foto

Handabdruck

DEINE
kunterbunten
KLEBESEITEN

Hier kannst du besondere Erinnerungsstücke
wie Rezepte, Karten, Zeichnungen, Kassenbons,
kleine Notizen und Fotos einkleben, damit sie
nicht verloren gehen!

Notizen

Die Welt der Kategorien

Wahrnehmen, vergleichen, einordnen

Sobald dein Baby mit dem nächsten Sprung der Welt der »Kategorien« begegnet, lernt es, einen großen Hund von einem Pferd zu unterscheiden. Oder dass eine Katze keine Kuh ist. Du wirst feststellen, dass dein Baby nun alles genau studiert, was ihm begegnet. Es betrachtet jedes Detail, erkennt Übereinstimmungen und Unterschiede und entscheidet dann, in welche Kategorie ein Mensch, Tier oder Gegenstand fällt. Das bedeutet Schwerstarbeit. Aber dein Baby hat großen Spaß daran, seine sich laufend vergrößernde Welt zu erkunden.

Alles neu in der Welt der Kategorien

Wenn dein Kind etwa 37 (36 bis 40) Wochen alt ist, merkst du, dass es eine neue Fähigkeit dazubekommen hat. Möglicherweise empfindest du die Erkundungen, die das Kleine nun anstellt, als sehr systematisch.

Es hebt beispielsweise Krümel vom Boden auf und betrachtet diese ausgiebig. Oder es probiert beim Essen in aller Ruhe aus, wie man ein Stück Banane zerquetschen kann oder was passiert, wenn man mit der Hand in den Spinat greift und dann eine Faust macht und zudrückt. Mit ernster Miene und sehr konzentriert unternimmt das Baby derartige

»Forschungen« – und es handelt sich tatsächlich um Forschungen, die es ihm letztendlich ermöglichen, die Welt auf neue Weise, nämlich in »Kategorien«, zu erfassen.

Dein Baby selbst hat schon eher gespürt, dass dieser Sprung bevorstand. Mit etwa 34 (32 bis 37) Wochen wird es wieder schwieriger, als es die letzten ein bis drei Wochen war. Man hat festgestellt, dass die Hirnstromkurven von Babys dieses Alters drastische Veränderungen zeigen. Zudem nimmt ihr Kopfumfang stark zu und der Glukose-Stoffwechsel im Gehirn verändert sich.

Das Baby merkt, dass seine Welt anders ist, als es dachte, dass es sie anders erlebt als gewohnt. Es merkt, dass es Dinge sieht, hört, riecht, schmeckt und fühlt, die ihm unbekannt sind. Es ist verstört und sucht Zuflucht am vertrautesten, sichersten Ort, den es kennt: bei Mama und Papa. Diese schwierige Phase dauert bei den meisten Babys vier Wochen, aber sie kann sich auch über drei bis sechs Wochen erstrecken.

Der 6. Sprung kündigt sich an

Datum: _____

Du machst deinen sechsten Sprung. Das erkenne ich daran, dass du

_____

_____

_____

Auf einer Skala von »unkompliziert« bis »schwierig« ist dieser Sprung:

☀ 1 2 3 4 5 6 7 8 9 10 ⚡

So lässt du dich am besten beruhigen:

1. _____

2. _____

3. _____

So fühle ich mich:

_____

_____

_____

Auf einer Skala von »gar nicht« bis »sehr« bin ich so

☐ verzweifelt ☐ unsicher ☐ _____

☀ 1 2 3 4 5 6 7 8 9 10 ⚡

Deine drei Signale

Eine Veränderung in Sachen

Anhänglichkeit:

Weinen:

Quengeln:

Nicht zu vergessen die Veränderung beim

Schlafen:

Trinken:

Sonstiges:
- ○ Du hängst (häufiger) an meinem Rockzipfel.
- ○ Du fremdelst (häufiger).
- ○ Du protestierst, wenn der Körperkontakt abgebrochen wird.
- ○ Du willst mehr beschäftigt werden.
- ○ Du hast (häufiger) »Albträume«.
- ○ Du bist »übertrieben« lieb.
- ○ Du bewegst dich weniger.
- ○ Du »plauderst« weniger.
- ○ Du willst nicht sauber gemacht werden.
- ○ Du sitzt manchmal still da und träumst.

6.
SPRUNG

Du erinnerst dich

Du zeigst, dass du ein bestimmtes Tier oder eine Person erkennst:

_____

_____

_____

Wenn ich dich frage, wo im Buch _____

ist, zeigst du darauf!

Du weißt genau, wenn etwas schmutzig ist. Das zeigst du, indem du

_____

_____

_____

Du erkennst und imitierst Gesichtsausdrücke und Bewegungen von anderen Menschen:

_____

_____

_____

Deine Gefühle

Wenn du in den Spiegel siehst, dann

Wenn ich mich mit jemand anderem unterhalte, tust du Folgendes:

Wenn dir dein Teddy runterfällt, dann

Wenn du ein anderes Baby schreien hörst, reagierst du folgendermaßen:

6.
SPRUNG

Erste Rollentauschspiele

Du versuchst die Rollen zu tauschen, indem du

○ Kuckuck mit einem jüngeren Baby spielst,

○ mir das Fläschchen gibst,

○ mich aufforderst, ein Lied zu singen, und dann in die Hände klatschst,

○ mir die Bauklötze gibst, damit ich sie aufeinanderstaple.

○ Sonstiges:

Als du das erste Mal die Rolle mit mir tauschen wolltest, ist Folgendes geschehen:

Deine Entdeckungen und Experimente

Mithilfe von Kategorien lassen sich Dinge, die sich ähnlich sind, in Gruppen einteilen. Du beginnst nun, diese Kategorien und Ähnlichkeiten zu entdecken.

Kategorien, die du an deinen Spielsachen entdeckst:

Kategorien, die du an Menschen entdeckst:

Kategorien, die du in unserem Zuhause entdeckst:

Du hast Kategorien wie krank/rau/warm/glatt entdeckt durch:

6.
SPRUNG

Dein Brabbeln und Lachen

**Für jeden in der Familie hast du
mittlerweile andere Laute.**

So rufst du nach den einzelnen Familienmitgliedern:

Folgende Wörter erkennst du jetzt wieder:

Das bringt dich zum Lachen:

Erste Experimente

Zu Hause untersuchst du am liebsten:

Draußen untersuchst du am liebsten:

Mit

untersuchst du am liebsten:

Diese Dinge untersuchst du am liebsten, indem du sie auseinander-nimmst:

Was du am liebsten tust

Jeder hat so seine Vorlieben, was er mit dir am liebsten macht!

Folgendes machst du am liebsten:

_____

_____

_____

_____

Mit _____ machst du am liebsten Folgendes:

_____

_____

_____

_____

Mit _____ tust du gern das:

_____

_____

_____

_____

Deine größten Meilensteine

**Meine persönlichen Favoriten
unter deinen Entwicklungsschritten:**

1. Meilenstein: _____

_____

_____

2. Meilenstein: _____

_____

_____

3. Meilenstein: _____

_____

_____

4. Meilenstein: _____

_____

_____

5. Meilenstein: _____

_____

_____

**6.
SPRUNG**

Besondere Momente zur Erinnerung

Foto

Foto

Foto

Foto

Foto

Das habe ich von dir gelernt:

Die schönsten/nettesten/witzigsten Kommentare, die andere Menschen über dich geäußert haben:

Mein sechster Brief an dich

Liebe/r

DER Sprung IST geschafft!

Datum: _____

Gewicht: _____

Körpergröße: _____

Kleidergröße: _____

Foto

Handabdruck

DEINE
kunterbunten
KLEBESEITEN

Hier kannst du besondere Erinnerungsstücke
wie Rezepte, Karten, Zeichnungen, Kassenbons,
kleine Notizen und Fotos einkleben, damit sie
nicht verloren gehen!

Notizen

Die Welt der Reihen- folgen

······· Warum Frühstücksflocken fliegen! ·······

Nach diesem Sprung lernt dein Baby, Reihenfolgen wahrzunehmen und damit umzugehen. Es erkennt, wie Ereignisse
ablaufen und was es tun muss, um ein bestimmtes Resultat zu
erzielen. Beim Frühstück beispielsweise greift es nach dem Löffel,
taucht ihn in die Schüssel, schaufelt Frühstücksflocken drauf und
führt das Ganze dann zum Mund (und nicht zum Auge). Anfangs
wird es noch den einen oder anderen Schritt vergessen, weshalb
das Essen am Boden landet. In dieser Phase findet dein Baby es
schön, wenn es gebraucht wird, und will bei allem »mithelfen«.

Alles neu in der Welt der Reihenfolgen

Babys richten öfter Chaos an – das ist nun einmal so. Beim letzten Sprung
erreichte diese »Fähigkeit«, wie es aussah, einen Höhepunkt. Manche Eltern haben sich wohl verzweifelt gefragt, woher diese Neigung kommt,
wenn sie wieder einmal zusehen mussten, wie das Baby alles auf seinem
Weg auseinandernahm, durch die Gegend warf oder zerdrückte und dabei eine Spur der Verwüstung zurückließ.

Mit etwa 46 (44 bis 48) Wochen erleben die Eltern dann zu ihrem Er-
staunen eine regelrechte Kehrtwende. Zum ersten Mal im Leben sehen

sie, wie ihr Baby versucht etwas zusammenzusetzen – der Beweis dafür, dass es einen Entwicklungssprung gemacht hat. Das Baby hat jetzt die Fähigkeit, »Reihenfolgen« wahrzunehmen und mit diesen umzugehen. Es ist nun in einem Alter, in dem es begreift, dass man bestimmte Dinge in einer bestimmten Reihenfolge tun muss, um sein Ziel zu erreichen.

Das Baby selbst hat schon früher gespürt, dass der Sprung bevorstand. Mit etwa 42 (40 bis 44) Wochen wird es wieder schwieriger, als es in den letzten ein bis drei Wochen war. Es merkt, dass seine Welt anders ist, als es dachte, dass es sie anders erlebt als gewohnt. Es sieht, hört, riecht, schmeckt und fühlt Dinge, die ihm unbekannt sind. Dadurch ist es verstört und klammert sich an das Vertrauteste, das es hat: Mama und Papa. Diese schwierige Phase dauert bei den meisten Babys fünf Wochen, sie kann sich aber auch über drei bis sieben Wochen erstrecken.

Der 7. Sprung kündigt sich an

Datum: _____

Du machst deinen siebten Sprung. Das erkenne ich daran, dass du

_____

_____

_____

Auf einer Skala von »unkompliziert« bis »schwierig« ist dieser Sprung:

☀   1   2   3   4   5   6   7   8   9   10 ⚡

So lässt du dich am besten beruhigen:

1. _____

2. _____

3. _____

So fühle ich mich:

_____

_____

_____

Auf einer Skala von »gar nicht« bis »sehr« bin ich so

☐ verzweifelt   ☐ unsicher   ☐ _____

☀   1   2   3   4   5   6   7   8   9   10 ⚡

Deine drei Signale

Eine Veränderung in Sachen

Anhänglichkeit: _____

_____

Weinen: _____

_____

Quengeln: _____

_____

Nicht zu vergessen die Veränderung beim

Schlafen: _____

_____

Trinken: _____

_____

Sonstiges:

- ○ Du fremdelst (häufiger).
- ○ Du willst mehr beschäftigt werden.
- ○ Du bist eifersüchtig.
- ○ Du bewegst dich weniger.
- ○ Du willst nicht sauber gemacht werden.
- ○ Du isst schlechter.
- ○ Du bist »übertrieben« lieb.
- ○ Du benimmst dich babyartiger.
- ○ Du »plauderst« weniger.
- ○ Du bist im einen Moment fröhlich, im nächsten weinerlich.
- ○ Du lutschst (häufiger) am Daumen.
- ○ Du greifst (häufiger) zu deinem Kuscheltier.

7.
SPRUNG

Zeigen und Benennen

Du willst, dass ich dir die Namen von Dingen, Menschen und Tieren sage, indem du

_____

_____

Wenn ich jemanden beim Namen nenne, der anwesend ist, reagierst du folgendermaßen:

_____

_____

Wenn ich dich frage, wo _____

ist, dann

_____

_____

Folgende Tierlaute imitierst du, wenn ich dir ein Bild von dem Tier zeige:

_____

_____

Folgende Worte und Laute beherrschst du:

_____

_____

Was du schon kannst

Wenn ich dir einen Schlüssel gebe, dann

_____

_____

Wenn ich das Licht einschalte, dann

_____

_____

Wenn ich dich mit einer kleinen Schaufel in den Sandkasten setze, dann

_____

_____

Wenn ich dir Bauklötze gebe, dann

_____

_____

Deine ersten Tricks und Hilfsmittel

Wenn du aufstehen oder dich fortbewegen willst, dann tust du Folgendes:

_____

_____

_____

Wenn du an etwas nicht herankommst, dann

_____

_____

_____

Das machst du, wenn du möchtest, dass ich in eine bestimmte Richtung mit dir gehe:

_____

_____

_____

Deine ersten Reihenfolgen

Die folgenden Handlungsabläufe beherrschst du mittlerweile:

Erst   Dann

Deine ersten Konstruktionen

Das Erste, was du gebaut hast, war:

_____

_____

_____

_____

Das erste Mal, dass ich dich dabei beobachtet habe, wie du etwas zusammengebaut hast, war:

_____

_____

_____

_____

Ich habe gesehen, wie du Gegenstände ineinandergesteckt oder verbunden hast:

_____

_____

_____

_____

Dein Essen

Beim Essen machst du die lustigsten Dinge:

_____

_____

_____

_____

Dein Essen teilst du gern mit:

_____

_____

_____

_____

Du ziehst es vor, ☐ dass ich dich füttere ☐ selbst zu essen.

Wenn ich dir einen Löffel und etwas zu essen gebe, dann

_____

_____

_____

_____

7. SPRUNG

Was du am liebsten tust

Jeder hat so seine Vorlieben,

was er mit dir am liebsten macht!

Folgendes machst du am liebsten:

_____

_____

_____

_____

Mit _____ machst du am liebsten Folgendes:

_____

_____

_____

_____

Mit _____ tust du gern das:

_____

_____

_____

_____

Was du am liebsten spielst

Dein liebstes Kinderlied ist:

_____

Folgendes machst du, wenn du es hörst:

_____

_____

_____

Deine Lieblingsspielsachen sind:

_____

_____

_____

Nach fast einem Jahr kann ich sagen, dass dir die folgenden Sachen am besten gefallen:

_____

_____

_____

7. SPRUNG

Deine ersten Male

Es gibt für alles ein erstes Mal, und bei diesem Sprung

waren das deine ersten Erfahrungen:

Zum ersten Mal _____

_____

_____

Zum ersten Mal _____

_____

_____

Zum ersten Mal _____

_____

_____

Zum ersten Mal _____

_____

_____

Zum ersten Mal _____

_____

_____

Zum ersten Mal _____

_____

_____

Deine wichtigsten Meilensteine

Meine persönlichen Favoriten
unter deinen Entwicklungsschritten:

1. Meilenstein: _____

_____

_____

2. Meilenstein: _____

_____

_____

3. Meilenstein: _____

_____

_____

4. Meilenstein: _____

_____

_____

5. Meilenstein: _____

_____

_____

7.
SPRUNG

Besondere Momente zur Erinnerung

Foto

Foto

Foto

Mein siebter Brief an dich

Liebe/r _____

_____

_____

_____

_____

_____

_____

_____

_____

_____

_____

_____

_____

DER Sprung IST geschafft!

Datum: _____

Gewicht: _____

Körpergröße: _____

Kleidergröße: _____

Foto

Handabdruck

DEINE
kunterbunten
KLEBESEITEN

Hier kannst du besondere Erinnerungsstücke
wie Rezepte, Karten, Zeichnungen, Kassenbons,
kleine Notizen und Fotos einkleben, damit sie
nicht verloren gehen!

Notizen

Ein JAHR

ALLES LIEBE ZUM
1. Geburtstag!

DU BIST
1 Jahr

Foto

Foto

_____

_____

_____

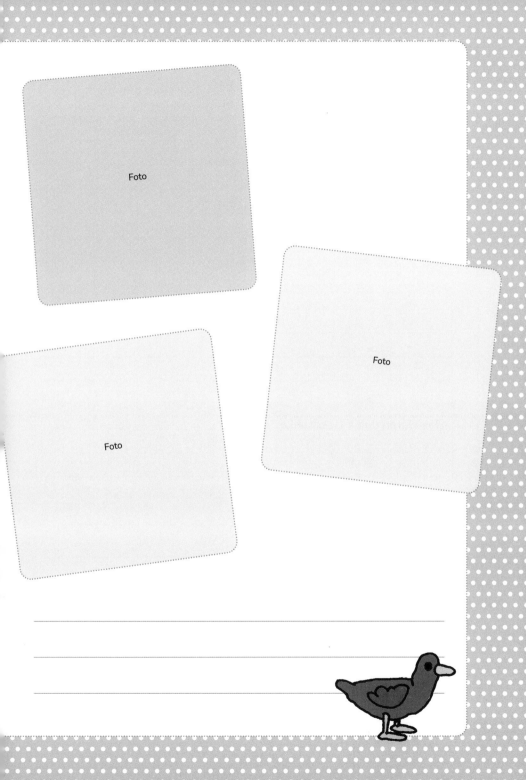

Foto

Foto

Foto

Diese Menschen haben dir zu deinem 1. Geburtstag gratuliert:

_____

_____

_____

_____

_____

_____

_____

_____

_____

_____

Das waren deine Geschenke:

_____

_____

_____

_____

_____

_____

_____

_____

_____

_____

Was du an deinem großen Tag erlebt hast:

_____

_____

_____

_____

_____

_____

_____

_____

_____

_____

_____

_____

_____

_____

_____

_____

_____

_____

Notizen

Die Welt der Programme

Kleiner Küchenhelfer

In der Welt der »Programme« ist dein Baby das erste Mal in der Lage, komplexe Handlungsabläufe als eine Einheit wahrzunehmen. Es versteht jetzt, dass einen schmutzigen Teller in Wasser zu tauchen, ihn mit Bürste oder Schwamm zu säubern und dann zum Abtropfen in den Geschirrständer zu stellen, »Abspülen« ist. Dein Baby ist Feuer und Flamme, wenn es dir bei solchen Aufgaben helfen darf. Und mit Begeisterung produziert es dabei natürlich Schaum!

Alles neu in der Welt der Programme

Kurz nach dem ersten Geburtstag, wenn es etwa 55 Wochen alt ist (plus/minus zwei Wochen), stellst du fest, dass dein Kleines eine neue Fähigkeit dazubekommen hat. Es ist in die Welt der »Programme« eingetreten und wirkt mit einem Mal viel klüger.

Der Begriff »Programm« mutet recht abstrakt an, deshalb soll hier kurz erläutert werden, was wir darunter verstehen. Beim letzten Sprung hat dein Baby sich den Umgang mit »Reihenfolgen« angeeignet, anders ausgedrückt, mit der Tatsache, dass »Ereignisse« nacheinander auftreten oder dass Dinge auf bestimmte Weise zusammenpassen. Ein »Programm« ist komplizierter als eine »Reihenfolge«, weil sich das Ziel auf unterschiedliche Weise erreichen lässt. Sobald dein Kind die Fähigkeit zur Wahrnehmung von »Programmen« hat, versteht es, was es bedeutet, Wäsche zu waschen, zu Mittag zu essen, aufzuräumen, sich anzuziehen, einen Turm zu bauen, zu telefonieren und so weiter – alles Tätigkeiten, die den Alltag ausmachen. Bei allen handelt es sich um Programme.

Dein Kleines hat schon früher gespürt, dass dieser Sprung bevorstand. Mit etwa 51 Wochen (plus/minus zwei Wochen) wird es meist wieder schwieriger, als es in den letzten ein bis drei Wochen war. Es sieht, hört, riecht, schmeckt und fühlt Dinge, die ihm unbekannt sind. Dadurch ist es verstört und klammert sich an das Vertrauteste, was es hat: Mama und Papa. Diese schwierige Phase hält bei den meisten Kindern vier, fünf Wochen an, sie kann aber auch drei oder sechs Wochen dauern.

Der 8. Sprung kündigt sich an

Datum: _____

Du machst deinen achten Sprung. Das erkenne ich daran, dass du

_____

_____

_____

Auf einer Skala von »unkompliziert« bis »schwierig« ist dieser Sprung:

☀   1   2   3   4   5   6   7   8   9   10   ⛈

So lässt du dich am besten beruhigen:

1. _____

2. _____

3. _____

So fühle ich mich:

_____

_____

_____

Auf einer Skala von »gar nicht« bis »sehr« bin ich so

☐ verzweifelt   ☐ unsicher   ☐ _____

☀   1   2   3   4   5   6   7   8   9   10   ⛈

Deine drei Signale

Eine Veränderung in Sachen

Anhänglichkeit: _____

Weinen: _____

Quengeln: _____

Nicht zu vergessen die Veränderung beim

Schlafen: _____

Trinken: _____

Sonstiges:

- ○ Du fremdelst (häufiger).
- ○ Du willst mehr beschäftigt werden.
- ○ Du bist eifersüchtig.
- ○ Du schläfst schlechter.
- ○ Du sitzt manchmal still da und träumst vor dich hin.
- ○ Du benimmst dich babyartiger.
- ○ Du bist »übertrieben« lieb.
- ○ Du bist schelmisch-frech.
- ○ Du kriegst (häufiger) Wutanfälle.
- ○ Du lutschst (häufiger) am Daumen.

8.
SPRUNG

Wie du Programme selbst startest

Du zeigst mir, dass du gern _____
möchtest, indem du Folgendes machst:

_____
_____
_____
_____
_____

Im Haushalt hilfst du gerne mit bei diesen Sachen:

_____
_____
_____
_____
_____

So zeigst du mir, dass du gern eine Zwischenmahlzeit hättest:

_____
_____
_____
_____
_____
_____

Wie du Programme korrigierst

Inzwischen weißt du genau, wie gewisse Dinge abzulaufen haben. Werden sie nicht nach deiner Vorstellung ausgeführt, korrigierst du sie.

☐ Du hängst das Handtuch an die dafür vorgesehene Stelle.

☐ Du räumst etwas in das richtige Fach.

☐ Du kommst mit Sachen zu mir, die ich wegräumen soll.

☐ Du holst die Schaufel und willst zum Sandkasten gehen.

Andere Programme, die du »korrigiert« hast:

_____

_____

_____

_____

Dabei hast du versucht mir zu helfen:

_____

_____

_____

_____

Wie du Programme
selbst durchführst

Den Teddybären füttern, die Puppe baden, Rosinen ohne Hilfe aus der Tüte essen und einen Turm aus mindestens drei Bauklötzen errichten, sind alles Beispiele für Programme. Die folgenden Programme beherrschst du schon:

Programm 1:

Programm 2:

Programm 3:

Deine neue Selbstständigkeit

Wenn ich dich allein essen lasse, tust du Folgendes:

Das machst du, wenn du mein Handy in die Finger bekommst:

Wenn wir uns anziehen, machst du das:

So zeigst du, dass du deinen Nachtisch möchtest:

8.
SPRUNG

Neue Wörter und Musik

Wenn du selbst eine Geschichte »erzählst«, machst du das mit

○ »Fragen«,

○ »Ausrufen«,

○ Pausen,

○ verschiedenen Stimmen,

○ hoher und tiefer Stimme.

Folgende Wörter beherrschst du mittlerweile:

_____

_____

_____

_____

Deine Lieblingslieder sind:

_____

_____

_____

_____

Am liebsten spielst du dieses Instrument:

_____

_____

_____

Deine Gefühle

Du hast Angst vor

_____

_____

_____

_____

_____

Wenn jemand traurig ist, tust du dies:

_____

_____

_____

_____

_____

Das bringt dich zum Lachen:

_____

_____

_____

_____

_____

_____

8. SPRUNG

Was du am liebsten spielst

Wenn ich dir einen Stift und Papier gebe, dann

_____

_____

_____

_____

Dein Verhältnis zu Büchern:

_____

_____

_____

_____

Deine Lieblingsspielsachen sind:

_____

_____

_____

_____

Am liebsten spielst du das:

_____

_____

_____

_____

Deine größten Meilensteine

Meine persönlichen Favoriten

unter deinen Entwicklungsschritten:

1. Meilenstein: _____

_____

_____

2. Meilenstein: _____

_____

_____

3. Meilenstein: _____

_____

_____

4. Meilenstein: _____

_____

_____

5. Meilenstein: _____

_____

_____

8. SPRUNG

Besondere Momente zur Erinnerung

Foto

Foto

Foto

Foto

Foto

Das habe ich von dir gelernt:

Die schönsten/nettesten/witzigsten Kommentare, die andere Menschen über dich geäußert haben:

8.
SPRUNG

Mein achter Brief an dich

Liebe/r _____

_____

_____

_____

_____

_____

_____

_____

_____

_____

_____

_____

_____

DER Sprung IST geschafft!

Datum: _____

Gewicht: _____

Körpergröße: _____

Kleidergröße: _____

Foto

Handabdruck

DEINE
kunterbunten
KLEBESEITEN

Hier kannst du besondere Erinnerungsstücke
wie Rezepte, Karten, Zeichnungen, Kassenbons,
kleine Notizen und Fotos einkleben, damit sie
nicht verloren gehen!

Notizen